AF246057

FRATERNITÉ-ASSOCIATION

POUR SORTIR DU CLÉRICALISME

CETTE BROCHURE CONTIENT

I. — Exposé des motifs.

II. — Projet de Statuts.

III. — Moyens d'action.

IV. — Une courte notice.

Prix : 20 centimes

DEPOT chez le SECRÉTAIRE de la FRATERNITE

1, RUE DES SAINTS-PÈRES, A ARGENTEUIL

(SEINE-ET-OISE)

Se trouve aussi chez les concierges et propriétaires des salles dans lesquelles l'association fera donner des conférences pour développer son programme, et chez tous les libraires et marchands de journaux correspondants de l'association.

AVIS (1)

Sous le patronage de la Fraternité, M. Louis Sterlin, prêtre républicain progressiste, ex-aumônier en chef de l'Armée du Nord (1870-71), lauréat de la société nationale d'encouragement au bien; etc.

Donnera dans la ville

de

Au jour, et heure et local annoncés par les affiches apposées sur les murs de la dite ville, une première conférence pour développer le programme indiqué dans les statuts ci-contre.

Une deuxième conférence, avec débats contradictoires, sera donnée, s'il y a lieu.

Se trouvant dans l'impossibilité de pourvoir aux frais occasionnés par les conférences, le comité principal de laFraternité, demande qu'il soit payé des prix d'entrée ; ces prix devront être à la portée de toutes les bourses.

Ordinairement, 50 centimes pour toutes places, sauf les places réservées, cotées à 1 franc, et à 2 francs, selon les salles. Dans les populations peu aisées il sera fait une série de places à 25 centimes.

Demi-place pour les dames.

(1) Voir page 17 la lettre de l'honorable député de Vaucluse, Dʳ Poujade.

LA FRATERNITÉ-ASSOCIATION

(Pour sortir du Cléricalisme)

Les fondateurs de l'Association, à toutes leurs sœurs et à tous leurs frères en démocratie.

Salut !

Dans la liberté !

Les partisans de la réaction jurent haine à nos institutions républicaines. N'ayant de Français que le nom, obéissant à un chef étranger, ils sont prêts à se courber sous le sceptre du premier tyran qui oserait étrangler la République et poser son talon sur la poitrine de la France.

Que leur importe notre patrie !

Pour beaucoup, la patrie c'est le Vatican ou le Gésu, ce qui est tout un.

Ils se disent les défenseurs de la famille ; les protecteurs de la propriété, les soutiens de la religion.

Ils n'ont pas, ils ne doivent pas avoir de famille !

Ils font vœu de ne rien posséder ?

Par eux chaque jour la religion n'est-elle pas compromise dans des luttes insensées contre nos institutions modernes.

Ils haïssent par ce qu'ils ne peuvent plus dominer.

Sans cesse de leurs bouches sortent des anathèmes.

Et beaucoup de citoyens et de citoyennes après avoir entendu s'en vont disant :

La religion est chose mauvaise, il faut la détruire.

D'autres, et le nombre en est immense, sont pleins de tristesse et attendent avec anxiété que le règne de Dieu arrive par la connaissance de la *vraie* Religion dont l'un des meilleurs fruits sera la FRATERNITÉ.

Attristés à la pensée que le plus solide de tous les liens rattachant l'homme à l'homme et l'homme au Créateur pouvait rompre, des hommes aux nobles pensées, aux aspirations généreuses et prêts à tous les dévouements sont sortis du milieu de cette foule.

Ils ont compris que la philosophie mettrait beaucoup e temps pour développer tout ce qu'elle est capable d'enseigner sur nos destinées.

Ils ont compris qu'il était urgent d'arrêter les ravages causés dans les meilleurs esprits par les extravagances du papisme ; ils ont cherché des hommes sages et honnêtes, des femmes sérieuses et douées des nobles qualités de l'esprit et du cœur, et ils ont dit : Liguons-nous contre les ennemis du progrès, contre ceux qui s'obstinent à considérer le travail comme une punition, tandis que pour nous c'est un *droit*, un *devoir*, et une *récompense*.

Ils ont dit encore :

En face du parti des HONNÊTES GENS, constituons le parti des HOM-

MES DE BIEN, c'est pour le bonheur de la France et la sécurité de la République.

Et pendant qu'ils parlaient ainsi, d'autres esprits et d'autres cœurs s'accordaient pour donner naissance à une œuvre aussi utile que la première, et ces deux œuvres recevaient un même nom :

La Fraternité.

Les promoteurs de la fraternité-association, les fondateurs de la fraternité-revue, unis par les mêmes pensées et les mêmes convictions, sachant que le maintien de l'Eglise romaine ou son remplacement par l'irréligion, — deux tendances contraires entre lesquelles semblent se partager exclusivement les efforts de nos contemporains, — seraient également funestes ; considérant, d'autre part, que la séparation entre l'Etat et les Eglises, et même la suppression du Concordat, soulèvent des difficultés et des résistances qui peuvent retarder encore longtemps les solutions si ardemment réclamées par l'opinion publique, s'entendaient pour proposer, demander et réaliser un autre moyen de se soustraire aux injustices que notre législation présente supporte et entretient. Ces hommes, sans se laisser arrêter par l'insuccès de tentatives analogues antérieures, s'unissaient pour former ou provoquer une vaste association, afin de débarrasser le pays de l'engeance ultramontaine.

Soucieux de n'être jamais taxés d'intolérance et de respecter scrupuleusement soit la religion, soit la liberté de conscience, les promoteurs de *La Fraternité* — association — tiennent à rendre publics les moyens qu'ils emploient pour parvenir à leurs fins et pour obtenir et utiliser le concours de tous les citoyens de bonne volonté.

La constitution de leur société est aussi simple que l'œuvre doit être étendue et féconde.

1° Un Comité central, ayant son siège à Paris (1), s'applique, par le moyen de circulaires et de conférences, à provoquer, dans toutes les villes et communes de France, le plus grand nombre possible de comités locaux, et aura pour charge et pour effet de les rallier, de les renseigner et d'exercer, en temps opportun, une action plus efficace au nom de tous. Ce comité a un secrétaire chargé de connaître les comités locaux et de correspondre avec eux.

2° Un citoyen quelconque peut prendre, dans la commune où il vit, l'initative d'un comité local, en faisant comprendre à ses compatriotes l'utilité des comités locaux pour le but général de l'association. Le comité central s'empresse de fournir alors tous les renseignements et indications nécessaires.

L'adhésion à un comité pourra être secrète, afin que les intérêts de chacun soient ménagés, car très peu d'hommes sont pleinement indépendants.

3° L'association *La Fraternité*, tout en admettant l'élément religieux, puisqu'elle se propose directement d'en combattre les travers,

____

(1) La même chose se prépare à Bruxelles, pour la Belgique, et se produira dans les autres pays où la situation politique est analogue à celle de la France.

n'est pas une société religieuse. Il n'est demandé aux groupes et aux membres qui la composent, nulle adhésion à un symbole quelconque, ni attache à une Eglise spéciale. Mais, dans la mesure où ils veulent qu'une Eglise soit maintenue, soit pour leur propre compte, soit pour les membres de leur famille, ou simplement dans la mesure où ils ont droit de donner leur avis à ce sujet — et nul citoyen ne peut être dépouillé de ce droit — ils s'unissent pour déclarer qu'ils ne veulent dépendre en rien, ni directement ni indirectement, d'un chef religieux é ranger, et ils protestent contre une législation intolérante et détestable qui continue d'imposer l'autorité du pape, même à ceux qui savent qu'elle est religieusement illégitime.

L'adhésion à ce seul point suffit pour entrer dans l'association. Les citoyens les moins religieux, et les plus avérés libres-penseurs, peuvent donc utilement en faire partie, puisque c'est avant tout une œuvre d'affranchissement national.

4°. Les chrétiens les plus croyants et les libres-penseurs peuvent ainsi logiquement s'unir pour la réalisation de la première partie du programme, qui est l'exclusion de l'autorité étrangère dans le domaine religieux. Mais beaucoup ont la pensée et la volonté d'aller plus loin, et ne veulent renverser l'Eglise romaine qu'en la remplaçant par une Eglise nationale, libre dans son acceptation et sa profession de la pure doctrine du Christ. Ils réclament impérieusement, devant qui que ce puisse être, le droit de penser et d'agir ainsi.

Pour calmer, à ce sujet, tous les scrupules des hommes religieux, auxquels ils tendent une main fraternelle, les promoteurs de l'œuvre publient un *catéchisme* populaire, contenant la doctrine catholique la plus complète et la plus inataquable, réserve faite de l'autorité usurpée des papes et de là discipline abusive qu'ils ont imposée aux Eglises d'Occident. Sur ce dernier point, la *Revue*, qui sera l'organe et comme le moniteur de l'association, se sent capable de produire la lumière jusque dans les esprits les plus prévenus.

Les associés de *La Fraternité* qui veulent garder le christianisme, participer à un culte, et continuer de former une Eglise, demandent donc que cette Eglise soit indépendante de Rome et que le culte en soit national.

5° Pour que cet heureux changement s'opère, diverses mesures sont nécessaires, dont l'association prendra l'initiative, car une Eglise n'est vivante et utile — contrairement aux pratiques romaines — qu'à la condition d'être l'œuvre du peuple.

I. Lorsqu'il existera un certain nombre de comités, une demande sera adressée en leur nom au Gouvernement pour que le culte catholique-national, qu'ils désirent pratiquer, soit *reconnu* par l'Etat au même titre que le culte israélite ou le culte protestant, et participe aux mêmes avantages.

Les Eglises *voulant* demeurer romaines garderont les bénéfices du Concordat, tant qu'il ne sera pas supprimé, mais celles-là seulement.

II. La reconnaissance du culte national étant accordée, lorsque, dans une commune où existe un comité, la cure viendra à vaquer par la mort ou par le changement du titulaire, le comité se montrera et demandera à donner son avis, avec tous les co-intéressés, sur le culte à suivre et sur le prêtre à désigner.

Sous le régime de la séparation de l'Eglise et de l'Etat institué par la constitution de l'an III (février 1795), 10,000 prêtres suffisaient aux besoins religieux de la France. Admettant que ce chiffre soit porté à 15,000, (il paraît suffisant), une ou plusieurs communes, selon l'importance de leurs populations, pourraient se constituer en paroisses.

De là, réduction notable dans le personnel ecclésiastique qui se compose aujourd'hui de 55,000 membres.

Un traitement très convenable serait alloué à chaque titulaire et tout casuel serait supprimé.

Au début, cela ne se produira pas sans quelque conflit entre un tel progrès, basé sur le droit fécond, et la routine, basée sur d'injustes et ruineux priviléges, et l'Etat devra intervenir pour maintenir, par des règlements de police, l'ordre extérieur ; mais lorsque la volonté des habitants aura été clairement et librement manifestée, le Gouvernement aura le devoir de la faire respecter.

III. L'usage de l'habitation curiale et le traitement du fonctionnaire ecclésiastique, devant être considérés comme indivisibles, seront concédés exclusivement au prêtre voulu par la majorité des électeurs. La cojouissance de l'église, dans les localités où il n'en existe qu'une, devra être accordée aux minorités qui en font la demande. Les précédents et les exemples sont nombreux en faveur de cette cojouissance fraternelle ; le caprice seul la fait refuser à ceux qui veulent tout pour eux, sans qu'il soit tenu compte du droit de leurs frères.

IV. Le recrutement du clergé pour les églises et paroisses voulant être nationales est assurément un point délicat ; mais que le public se rassure. Ce n'est pas par dizaines, mais par centaines que l'on compte les prêtres, honorés et en fonction, ayant fait connaître leur disposition à entrer dans ce mouvement, et prêts à le déclarer dès qu'ils le pourront sans risquer la faim et le déshonneur, deux armes dont, à défaut d'autres tortures, Rome et ses représentants n'ont jamais scrupule de se servir.

Aussitôt que possible, il sera fondé une école de théologie catholique. Seront admis les jeunes gens qui auront pris leurs grades universitaires et qui auront satisfait à la loi sur le recrutement militaire.

Les étudiants en théologie ne seront pas soumis à l'internat.

Les examens pour l'admission aux emplois ecclésiastiques seront passés devant une commission composée pour deux tiers de laïcs, et pour un tiers d'ecclésiastiques.

Maintenant, et jusqu'à la création de cette école, le recrutement se fera comme il est dit ci-dessus.

Lorsqu'une paroisse aura à être pourvue, le Comité central fera connaître discrètement un ou quelques prêtres disposés à la servir

sur la demande des habitants ; et ceux-ci ne formuleront leur volonté qu'après informations suffisantes, selon des règles dont le
détail sera facile à préciser.

V. Lorsqu'il y aura en Foince un certain nombre de paroisses ainsi
constituées en dehors de l'ingérence romaine — dix ou douze peuvent suffire — chacune d'elle pélèguera deux ou trois de ses membres pour s'entendre sur le choix d'un évêque, nécessaire à la tête
d'Eglise catholiques.

Les charges comme les droits et les attributions de l'évêque seront
établis selon le droit primitif, la pratique des Eglises libres et les
besoins du temps, pour qu'il n'y ait jamais ni abus de pouvoir, ni
division entre les fonctionnaires et les membres de l'Eglise nationale.

La consécration du premier évêque pourra être faite avec éclat,
car ce sera l'inauguration de l'Eglise de France, vraiment issue des
entrailles du pays.

VI. Une fois l'évêque nommé et sacré, l'œuvre se continuera
d'elle-même. Les dispositions qui s'observent de toute part dans le
public peaermettent d'assurer que les paroisses se grouperont bien
vite autour d'un évêque affranchi de Rome, et l'on verra assurément en France, ce qui s'est vu ailleurs avec le plus édéfiant succès,
des paroisses avec leur curé, sans se séparer, ni se disperser, tour-
ner ensemble le dos au pape, et s'attacher au diocèse national. Le
clergé actuel, tel qu'il est, contient des hommes assez intelligents
pour se prêter à un tel progrès ; et les yeux des autres ne tarderont
pas à s'ouvrir.

VII. Lorsqu'il y aura des évêchés à pourvoir, après un temps
il sera procédé pour les évêques comme pour les curés des paroisses. Les curés seront élus par la majorité des paroissiens et les évêques par les délégués.

VIII. — Sans qu'aucune parcle de l'Evangile l'y autorise et contrairement à la pratique des Apôtres et des premiers siècles, l'E-
glise romaine ou papiste, ayant interdit le mariage aux prêtres
dès le onzième siècle, *la Fraternité* reconnaît qu'un prêtre peut,
comme tout autre, légitimement, et quand il le veut, contracter mariage.

La société n'impose pas le mariage : elle laisse aux prêtres le libre choix entre cet état et celui du célibat.

Par conséquent, la loi du célibat obligatoire, et celle qui prescrit
la confession à tous les fidèles étant arbitraires, dangereuses et nul-
les de plein droit, ne sont ni reconnues, ni acceptées par les membres
de la *Fraternité*.

IX. — Dans toute Eglise constituée, comme il est dit ci-dessus, *le
casuel est supprimé. Tous les citoyens sont égaux devant Dieu.
Plus de classification. Point de distinction entre le prolétaire
et le millionnaire*.

X. — Les paroisses sont administrées par des conseils élus. Le
mode de scrutin est le suffrage de tous les catholiques inscrits dans les

listes électorales dress.es par les soins, d'abord du comité local‹ et‚ dans la suite, par les soins des conseils élus.

A chaque élection, un, ou plusieurs délégués, sont spécialement nommés pour prendre part aux travaux du synode cantonal.

XI. — Les synodes cantonaux nomment leurs représentants au synode départemental.

XII. — Les synodes départementaux nomment leurs représentants au synode général.

XIII. — Le synode général composé des délégués laïques et des délégués ecclésiastiques des synodes départementaux constitue le pouvoir supérieur auquel tous les membres ecclésiastiques et laïques de l'Eglise nationale, rendront obéissance et hommage (1).

L'opinion publique, plus instruite en ces matières, ne tardera pas à se prononcer universellement en faveur du régime libéral, qui était celui de l'Eglise primitive, et ainsi sera réalisée, sans violence et sans récrimination possible, puisque ce sera le fait du public, seul ayant-droit, la plus désirable des révolutions.

Le pape et les évêques, ses créatures, ne manqueront pas de faire pleuvoir sur les promoteurs, conseillers et adhérents de cette entreprise, le déluge ordinaire de leurs anathèmes; mais si les malédictions sont à craindre quand l'Eglise universelle en frappe ceux qui portent atteinte à la pureté de la foi, elles sont ridicules et vaines quand elles n'ont pour but que de protéger l'ambition de ceux qui se sont depuis longtemps excommuniés eux-mêmes en s'efforçant d'asservir l'Eglise et en ruinant son unité.

Tel est l'ensemble du mouvement à produire au milieu des masses profondes du suffrage universel.

Nous ne devrions trouver devant nous qu'un seul adversaire, le papisme. Par suite d'un déplorable malentendu, une petite partie de la démocratie fait cause commune avec le jésuitisme, pour nous epousser, ou nous combattre.

Il est désirable de voir bientôt se dissiper toutes les erreurs qui ont cours au sujet de l'œuvre que nous poursuivons. Nous n'admettons pas l'indifférence, car c'est une désertion.

Avant de formuler notre programme, nous avons voulu consulter l'opinion publique dans de fréquentes conférences.

Cette tâche a été confiée à un conférencier très sympathique, et toujours volontiers écouté et entendu.

M. S erlin, originaire du département de la Somme, curé desservant dans l'Oise, de 1859 à 1874, s'est acquis beaucoup de partisans à la suite des nombreuses conférences qu'il fit dans beaucoup de départements à partir du mois de février 1881.

La presse républicaine a constamment fait l'éloge du conférencier. S'il nous fallait citer les noms des journaux qui ont approuvé les conclusions de l'orateur, la liste serait longue.

Nous ne relèverons pas les injures, les diffamations, les basses

____

(1) En dehors des cérémonies du culte, les évêques et les prêtres porteront l'habit civil : pantalon, gilet, redingote noirs.

calomnies que la presse réactionnaire prodigue à l'égard de notre conférencier. Ces gens-là font un vilain métier, nous les laissons à leur triste besogne.

Toutefois, vu l'importance que notre œuvre doit acquérir ;

Considérant qu'il importe extraordinairement que nos collaborateurs puissent paraître devant les républicains sans que ceux-ci aient des doutes sur leur honorabilité. nous devons tracer ici en deux mots, et à grands traits, le passé de M. Sterlin. Nous ferons de même pour ses collègues dans l'avenir.

Voici ce que naguère écrivait un de nos amis en réponse aux injures d'une feuille de sacristie :

Un article ultra-fantaisiste, concernant M. Sterlin, a paru dans une pieuse gazette de l'Ouest, à la date du 21 janvier 1883.

S'attaquer à l'homme est aisé ; réfuter ses doctrines est plus difficile.

Après enquête faite. d'après l'avis qui nous en fut donné par la dite gazette, voici ce que nous savons. Nous donnons le résultat de nos recherches à titre de réponse à toutes les insinuations perfides de tous les journaux cléricaux.

Dévots écrivains, il faut que vous vous sentiez vraiment mal pris pour user des armes que nous voyons en vos mains.

M. Sterlin a fait ses études théologiques à Paris, dans un séminaire qui n'accepte ni les médiocrités, ni les fruits secs. En sortant de cet établissement et à la suite de sérieux examens brillamment subis, M. Sterlin est agréé et ordonné par mon seigneur Gignoux et immédiatement placé dans une paroisse de sept cents habitants.

La commune n'a point d'école de filles. Le jeune curé se met en quatre pour que l'instruction soit plus facilement donnée aux jeunes filles.

Après deux ans et demi, pour cause de santé, M. Sterlin sollicite son changement et demande une petite paroisse. Sur ses instances, monseigneur de Beauvais consent à lui conférer des pouvoirs pour la paroisse de Plainville, deux cent cinquante habitants.

Dites-nous, écrivains de la Gazette et d'autres feuilles *ejusdem farinæ*, cette demande dénote-t-elle un ambitieux, avide des richesses d'ici-bas ?

La première paroisse, bon an, mal an, rapportait 1800 francs, la seconde, pour le même temps, 1400 francs.

Impudents cléricaux, osez-donc dire, avec preuves à l'appui, que votre victime a été envoyée d'une paroisse à l'autre par disgrâce ?

Après quatre mois de séjour à Plainville, M. Sterlin entreprend une œuvre extrêmement difficile et fort pénible.

Est-ce par ambition qu'il court au devant des innombrables déboires qui vont l'assaillir ?

N'est-ce pas plutôt pour obéir à son évêque ?

L'évêque a-t-il écrit ou n'a-t-il pas écrit les paroles suivantes ?

« Nous soussigné, évêque de Beauvais, Noyon et Senlis, certifions que M. l'abbé Sterlin, curé desservant de Plainville, est un prêtre estimable, dévoué à son ministère et digne de confiance.

« M. Sterlin, *conformément à nos désirs*, a entrepris l'œuvre importante et difficile de la reconstruction de l'église de Plainville qui est dans un déplorable état. Nous ne pouvons que prier les personnes bienfaisantes auxquelles il aura l'honneur de s'adresser de le seconder dans cette entreprise. »

L'Evêque de Beauvais a-t-il recommandé plus particulièrement encore M. Sterlin et son entreprise, à la date du 8 avril 1868 ?

L'Eglise se construit, lisons-nous dans les lettres de monseigneur Gigoux. L'évêque fait un fait un grand éloge du zèle et du courage de son coopérateur.

Qui construisait l'Eglise ?

Etait-ce la commune ? non.

Etait-ce la fabrique ? non.

Etait-ce M. Sterlin ? oui.

La commune ou la fabrique ont-elles versé un centime pour payer cette construction ? non.

Depuis ont-elles payé quelque chose ? Oui, la commune a payé quelques cents francs pour l'horloge. Et c'est tout.

C'est l'évêque, supérieur de M. Sterlin, qui dirige tout. Lui seul approuve les plans, il veille à leur exécution, il prévoit quel sera le coût de la construction, encourage M. Sterlin qui, comptant à juste titre sur l'appui de son évêque, marche sans cesse de l'avant et construit un vrai bijou, copie du XIIIe siècle.

Voyons, cette construction est-elle dans les brouillards de la lune ?

Dites-nous cela, chers partisans du jésuitisme ?

A première vue, nous estimons que la dépense pour cette construction a dû atteindre le chiffre minimum de cent-cinquante mille francs, car cette construction n'est pas un château de cartes.

Nous avons appris que M. Sterlin a expédié en France et à l'étranger, environ deux millions cinq cent mille lettres et circulaires. Tout cela s'est fait avec l'assentiment de l'évêque. Oserez-vous dire le contraire, ô disciples d'Escobar !

O vous qui savez si bien calculer, additionnez-donc et dites-nous ce qui fut déboursé pour la publicité.

Nous affirmons : 1° que M. Sterlin a fondé deux journaux, l'un en 1872, l'autre en 1873, ayant tous deux pour but de favoriser la création d'un orphelinat destiné à recevoir les orphelins de la guerre et les enfants moralement abandonnés ;

2° Que l'évêque connaissant le libéralisme de M. Sterlin a craint que ce digne prêtre n'enseignât aux enfants à se moquer du papisme ;

3° Que pour empêcher ce malheur (malheur aux yeux de l'Eglise romaine), il fallait ruiner l'homme généreux qui avait, jusque-là, consacré sa vie et dépensé sa fortune pour rendre service à une paroisse peu digne de recevoir le moindre bienfait : puis en faveur d'enfants qui auraient béni leur bienfaiteur.

L'un des journaux fondé par M. Sterlin reçut une mention honorable décernée par la Société protectrice de l'enfance.

L'évêque de Beauvais demanda à l'Ordre moral de supprimer les journaux de M. Sterlin, afin de consommer sa ruine.

L'énergique lutteur ne désespéra point; il voulut, par son travail, arriver à indemniser ceux qui l'avaient aidé dans ses bonnes œuvres, mais la haine des cléricaux le poursuivit partout afin de l'empêcher de se relever.

Les hommes du Syllabus, les ennemis de la République, à la ruine de notre collaborateur, voudraient ajouter le déshonneur. Les Républicains ne se laisseront point prendre à ce piège grossier.

M. Sterlin a contracté des dettes sur l'ordre de l'évêque de Beauvais, ses dettes ne furent point créées dans un intérêt personnel, mais dans un but humanitaire; ses dettes auraient été éteintes, si l'évêque de Beauvais et certains de ses coopérateurs n'avaient point tout fait pour empêcher M. Sterlin de se libérer.

Nous ne discuterons pas l'authenticité des citations données dans la pieuse gazette.

M. Sterlin eut un secrétaire, auquel il accorda trop de confiance, en lui conférant le droit à la signature. Nous pourrions, à ce sujet, dire des choses qui prouveraient jusqu'à la plus complète évidence que M. Sterlin fut constamment victime de sa droiture et de sa franchise.

On prétend qu'il aurait écrit certaine lettre à la date du 14 juillet 1874, rue Centrale, à Genève. Or, le 14 juillet 1874, M. Sterlin habitait et était à Paris.

M. Sterlin fut constamment plein de cœur et de loyauté. Ce qu'il a été, il l'est encore. Il en donne des preuves quotidiennes en se dévouant pour son pays, malgré les grossières injures que lui prodiguent ceux qui osent se dire évêques et prêtres pleins de cœur.

Le principal mobile de tant de haines le voici:

Une jeune fille voulait se marier.

Contrariée dans ses goûts, elle se jette dans..... un cloître. Cette jeune fille appartenant à une riche famille, était une bonne aubaine pour le couvent qui la reçut, couvent, d'ailleurs, fondé par M. l'évêque de Beauvais.

La religieuse, pendant douze ans, n'a aucune communication avec sa famille. Les remords, les regrets, depuis longtemps, torturaient la pauvre enfant. Elle ne savait à qui faire part de ses chagrins. Le hasard voulut qu'elle vint habiter la paroisse de M. Sterlin.

La physionomie franche et ouverte de ce bon curé de campagne la rassure. Cette excellente fille raconte son histoire, déclare qu'elle désire se réconcilier avec sa famille et rentrer dans le monde. M. Sterlin lui donne les conseils qu'à sa place eût donné tout honnête homme, et la religieuse, au mois de mars 1874, rentrait dans sa famille.

Voici l'origine des colères du cléricalisme beauvaisien.

Les nonnes, ni l'évêque ne pardonnèrent point une si franche conduite.

Il n'était pas possible d'interdire ce prêtre honnête homme. Ce fut dès lors une guerre comme savent la faire les gens dévots.

M. Sterlin n'avait plus qu'un parti à prendre, sortir des rangs de ceux qui le combattaient en même temps qu'ils maudissaient la République, c'est ce qu'il fit.

Et, depuis 1874, le fiel du dévotisme tombe à flots sur celui qui voulut la liberté pour cette bonne fille, comme il la réclame pour tous et pour toutes.

Voici la vérité sur notre collaborateur. Nous manquerions aux égards que nous devons à nos amis politiques si nous ne faisions point connaître entièrement M. Sterlin. Nous nous empressons donc de mettre les témoignages suivants sous les yeux de ceux que n'aveuglent pas la haine ni les stupides préjugés.

Comme quoi M. Sterlin a bien mérité de la patrie !

22me CORPS D'ARMÉE. — ETAT-MAJOR GÉNÉRAL.

Le général de division commandant le 22me corps d'armée, certifie que l'abbé Sterlin (Louis-René), curé de Plainville (Oise), a, pendant les mois d'octobre et de novembre 1870, rendu des services réels à la cause nationale; que pour ces services, M. l'abbé Sterlin a été déféré devant un conseil de guerre prussien, et condamné à mort, sentence à laquelle il a eu la plus grande peine à échapper en se réfugiant auprès de l'Armée du Nord, à laquelle il a été attaché en qualité d'aumônier suivant nomination du 27 novembre 1870.

M. l'abbé Sterlin a fait toute la campagne d'hiver, assistant dans nos rangs aux divers engagements et batailles soutenus par le 22me corps, exposant sa vie pour encourager et secourir nos soldats sur les champs de bataille, les consolant dans les ambulances et les hôpitaux. En un mot, il a rempli avec le dévouement d'un excellent prêtre et le cœur d'un brave et loyal Français la mission qui lui avait été confiée.

Saint-Lô, ce 8 mars 1871.

Le général commandant le 22me corps,
LECOINTE.

Le général de division, chef d'état-major général de l'Armée du Nord, et ensuite du Cotentin, joint son témoignage à celui du général Lecointe en faveur du digne ecclésiastique, qui s'est distingué entre tous par son patriotisme et son courage pendant la campagne du Nord.

Valognes, le 9 mars 1871.

Le chef d'état-major général,
FARRE.

Choisy-le-Roi, 29 mai 1871.

M. l'abbé Sterlin, aumônier militaire, m'a suivi volontairement pendant la campagne que la 1re division de l'armée de Versailles a fait sous les murs de Paris.

Je n'ai qu'à me louer de son zèle en toutes circonstances, et je serai heureux de voir qu'il puisse être donné suite aux propositions faites pour les aumôniers pendant la campagne du Nord (1).

Le général de division,
HALNA-DU-FRETAY.

Les sentiments de la commune de Plainville exprimés par la bouche de son maire, le 17 juin 1871.

« Monsieur le curé,

« Autant votre départ nous a tous affligés, autant votre retour si désiré nous remplit de joie et comble notre vœu le plus cher.

« Nous savions bien que votre abandon ne pouvait être que momentané, et que la paix vous ramènerait parmi nous, nous tous qui vous aimons, nous n'en avons jamais doulé. Notre affection nous répondait de votre affection, comme notre cœur nous répondait de votre cœur.

(1) Après la signature de la paix, le général Lecointe proposa M. Sterlin pour la croix de la Légion d'honneur. L'évêque de Beauvais, consulté, mit son *veto* en raison du libéralisme de son cher coopérateur.

« Plainville n'est-il pas vôtre désormais.

« Et quand Plainville aspirait après vous, et vous réclamait de toutes ses forces, pouviez-vous même songer à vous dérober à notre reconnaissance, à notre amitié, à notre dévouement?

« Nous savons qu'à votre âme généreuse, à votre cœur vaillant, il faut de grands travaux et personne parmi nous, n'a éprouvé d'étonnement quand nos frères de l'armée sollicitaient les soins de votre ministère, de vous voir voler aussitôt auprès d'eux pour les leur offrir au milieu du carnage des champs de bataille, peu soucieux de votre vie, heureux de pouvoir servir à la fois notre Religion et notre Patrie.

« Nous étions fiers de vous M. le curé, aujourd'hui, nous sommes plus fiers encore.

« Le concours de nos bons voisins, qui ont tenu à s'associer à nous, prouve combien est légitime notre orgueil.

« Recevez donc, M. le curé, toutes nos félicitations. Mais laissez-moi vous dire que cent fois nous avons tremblé pour une existence si chère et pourtant si prodiguée, et que nos prières se sont souvent élevées vers Dieu, l'implorant de nous la conserver.

« Et maintenant que vous nous êtes rendu, allons tous le remercier avec effusion dans cette belle église, *votre œuvre*, dont la flèche semble s'élever dans les nuages pour guetter votre retour, et dont les cloches..... écoutez ?.... vous saluent et vous appellent de leurs voix joyeuses.

« C'est que, comme nous tous, elles fêtent leur ami, leur père. Venez, M. le curé, vous êtes le bienvenu.

« Plainville, le 17 juin 1871.

« Hild. Morel. »

Médaille d'honneur décernée, le 5 mai 1872, par la société nationale d'encouragement au Bien.

« (Oise). M. Sterlin (Louis) (l'abbé), curé de Plainville, ancien aumônier de l'armée.

« Plainville est une petite commune, pauvre, au nord du département de l'Oise. C'est là qu'un digne prêtre, jeune encore, exerce depuis plusieurs années son ministère avec le zèle et l'ardeur des premiers apôtres. Par ses soins, une belle église a été construite, les écoles ont reçu une impulsion plus active, tous les bons sentiments ont été excités, soutenus.

« Au premier coup de canon, le curé se fait soldat ; il confie ses paroissiens à un autre prêtre du voisinage et devient aumônier militaire.

Il a fait toute la campagne d'hiver, couchant sur la terre, dans la neige, mangeant quand il plaisait à Dieu, pansant les blessés, les bénissant, parlant aux soldats de Dieu et de la Patrie.

« Il a assisté, dans les rangs des combattants, sans souci de la mitraille, à tous les engagements et batailles soutenus par le vingt-deuxième corps ; puis, parcourant les ambulances et les hôpitaux, il ranimait le courage des uns et aidait les autres à bien mourir, donnant partout des preuves d'un cœur français et chrétien.

« Après plus de sept mois d'absence, il est rentré dans sa paroisse, au milieu des acclamations enthousiastes de la population heureuse de revoir le pasteur aimé pour lequel elle n'avait cessé de prier.

« La médaille d'honneur que nous décernons à l'abbé Sterlin sera accueillie avec bonheur à Plainville et dans tous les pays voisins. »

Nous mettons tous les syllabusards au défi de prouver que tout ce qui précède est faux.

Notre conférencier sait toujours intéresser son auditoire. Cela est constaté par la presse républicaine.

Marié et père de deux enfants, il remplit ses devoirs de bon père de famille et de prêtre, car il ne trouve pas qu'il y ait incompatibilité ; il est d'accord en cela avec tous les honnêtes gens.

Nous ne terminerons pas cet opusule sans attirer l'attention de nos lecteurs sur les publications annoncées aux pages 3 et 4 de la couverture.

Cette brochure était composée lorsque M. Sterlin nous communiqua la lettre suivante qui nous paraît avoir ici sa place en raison des sentiments qu'elle exprime.

CHAMBRE
DES
DÉPUTÉS

Paris les 17 mars 1883

Monsieur,

Vous connaissez mes sentiments personnels sur l'œuvre que vous avez entreprise. Je la trouve en tous points excellente et je la place dans mon esprit, à la tête de celles qui agissent utilement contre la domination papiste.

» Si la faiblesse de ma santé ne me condamnait au silence, c'est à côté de vous, c'est à côté de vos coreligionnaires affranchis du papisme que j'aurais voulu prendre rang comme à côté de quiconque combat le papisme.

» Non que j'adhère à vos doctrines et que je partage toutes vos croyances. J'en suis au contraire fort éloigné. Mais il ne s'agit pas de ma religion à moi. Il s'agit de 25 ou 30 millions de catholiques, ou se croyant tels, qui ont pour gouvernement la République, et pour patrie, comme nous, la France, cette chère France, notre mère commune ;

» Or, il y a incompatibilité et lutte déclarée, lutte à outrance, lutte à mort, entre le catholicisme de ces millions de français et le gouvernement qu'il se sont donné. Cette lutte est le seul danger sérieux de ce gouvernement en dehors duquel il n'y a d'ailleurs qu'anarchie d'abord, et que servitude ensuite. Le cléricalisme, c'est l'ennemi, voilà la vérité vraie.

» Mais si par cléricalisme en entend la religion elle-même, on se trompe. Si l'on se figure que de ce que le catholicisme papiste est inconciliable et radicalement incompatible avec la République démocratique, avec un gouvernement libéral et populaire, que la religion elle-même, que toute espèce de religion est également contradictoire avec les institutions républicaines, on se trompe.

» La grande erreur de notre démocratie, selon moi, est là. Du jour où on la guérirait de cet aveuglement, du jour où on lui ferait comprendre que ce n'est pas la religion en son principe qui est contraire à la République, mais le catholicisme romain, mais le papisme, comme l'appellent si justement les protestants, la République n'aurait plus rien à craindre; elle marcherait libre et tranquille vers les libertés nouvelles.

» Or, vous, vous prêtre de cette église de tyrannie et d'obscurantisme, vous en êtes sorti; vous avez rompu avec sa discipline de fer et son esprit de ténèbres, vous avez dépouillé la robe d'esclavage dont elle vous avait couvert, et vous allez enseignant aux autres les vérités qui vous ont éclairé, montrant la voie par où vous êtes sorti de cette religion d'autorité et qui vous a conduit à la religion de liberté. Vous êtes contre Rome, pour moi cela suffit : nous sommes soldats du même drapeau.

« Mais non seulement vous êtes contre Rome qui est l'ennemi, non seulement vous avez quitté la voie de la servitude, mais vous êtes entré dans, celle de la liberté. Je suis donc doublement avec vous. D'abord et avant tout, parce que vous combattez le Pape et le *Syllabus*, et ensuite parce que vous enseignez avec quoi on peut remplacer le *Syllabus* et par qui on peut remplacer le Pape. Le *Syllabus* remplacé par la déclaration des droits de l'homme couronné par un acte de foi libre dans une religion libre et le Pape remplacé par des prêtres élus par le peuple, voilà ce que vous voulez, si je ne me trompe. Je ne trouve point la ma foi et ma religion; mais je dis qu'avec un poogramme tel que vous le proposez, si la démocratie l'acceptait, en six mois elle serait affranchie, libre, honorée, respectée d'elle-même et du monde entier, qu'une révolution immense serait accomplie et que, non seulement le Républiqne serait impérissable, mais qu'elle serait bientôt universelle.

» Pour cela, avant tout, il faut qu'elle sorte du papisme.

» Je vous salue avec grande cordialité.

Dr POUJADE.

Nota. M. le Dr Poujade est député de Vaucluse.

Paris, typ. M. Décembre 326 rue de Vaugirard

I

LA FRATERNITÉ-REVUE

PARAISSANT LE 1er DE CHAQUE MOIS

Abonnement de janvier à décembre 5 francs.

Les trois premiers numéros peuvent être demandés isolément, les trois :
75 cent., par la poste, franco : un franc.

II

OUVRAGES DE M. STERLIN

EGLISE ET DEMOCRATIE

UN VOLUME IN-8 DE 200 PAGES

PRIX : 2 FRANCS

Par la poste, franco : 2 fr. 25

TABLE DES MATIÈRES

Chapitre I. Les cléricaux
    II. — La question religieuse
    III. — Concordat, articles organiques, syllabus
    IV. — La séparation de l'Église et de l'État
    V. — Église et clergé démocratique

III

LA FRATERNITÉ, brochure, 20 centimes.

IV

CATECHISME POPULAIRE

(Sous presse)

20 CENTIMES

Remises pour la propagande

Avis : Adresser les demandes accompagnées de leur montant en un
mandat sur la poste à l'ordre de Monsieur le secrétaire de la fraternité, à
Argenteuil près Paris, Seine-et-Oise, 1 rue des Saint-Pères.